Mujica

Las mejores citas del presidente más humilde del mundo

LUCAS SERGIO CERVIGNI

ISBN-13: 978-1545217245

Traducido por: María Florencia Soto

Editado por: Rupert Waddington

Revisado por: Katherine Williams

Para Paola, Indiana, Joaquín & Eva

CONTENIDOS

Introducción

A continuación enumeramos seis hechos famosos sobre Mujica y su mandato como 40° Presidente de Uruguay, 2010-2015:

1. Mujica rechazó **la pompa y los lujos** del palacio presidencial y prefirió quedarse en su granja de una sola habitación y conducir su viejo y confiable VW Beetle: *"Ha habido años en los que habría sido feliz con solo tener un colchón"* (al referirse al tiempo que pasó en la cárcel).
2. Apoyó la **legalización de la marihuana** en su país como una forma distinta de enfrentar los problemas asociados con el tráfico ilegal de drogas: *"En ninguna parte del mundo la represión del consumo de drogas ha dado resultados. Es el momento de probar algo diferente"*.
3. Impulsó a Uruguay a convertirse en la segunda nación de Sudamérica, después de la Argentina, en **legalizar el matrimonio igualitario**: *"No legalizarlo sería torturar a las personas inútilmente"*.
4. Mujica luchó en el plano internacional por el desarrollo de una política mundial que **priorizase el medio ambiente** sobre el consumo excesivo: *"Casi podemos reciclar todo ahora. Si viviéramos dentro de nuestras posibilidades –por ser prudente– los 7 mil millones de personas en el mundo podrían tener todo lo que*

necesitan. La política global debe moverse en esa dirección".

5. Mujica focalizó sus esfuerzos en la **redistribución de la riqueza de su nación** y aseguró haber reducido la pobreza del 37% al 11%: *"Las empresas lo que quieren es aumentar sus beneficios; le toca al gobierno asegurarse de que la distribución de esos beneficios sea suficiente para que los trabajadores tengan el dinero suficiente para comprar los bienes que producen"* le dijo a un empresario de la Cámara de Comercio de los Estados Unidos. *"No es ningún misterio – a menor pobreza, mayor comercio".*
6. Se **opuso a la guerra y la militarización**: *"Yo solía pensar que solo había guerras nobles, pero eso no lo creo nunca más"* aseguró el ex guerrillero armado. *"Ahora creo que la mejor solución es la negociación. La peor negociación es mejor que la mejor guerra, y la única manera de asegurar la paz es cultivar tolerancia".*

Y ahora presentamos tres cosas más que hicieron famoso a Mujica:

7. Luchó contra los abusos de las corporaciones, incluida la famosa pelea contra el gigante de las tabacaleras estadounidenses, Philip Morris.
8. Apoyó la implementación de la que se considera la ley más liberal de Sudamérica, la ley a favor del aborto.
9. Mujica adoraba a su perrita de tres piernas, Manuela.

Con tan solo estudiar estas tres listas cortas resulta evidente que José Mujica es un filósofo y un pragmatista de una profundidad notable. Las siguientes páginas de citas también lo muestran como un hombre de gran elocuencia.

Esta colección de citas, algunas cortas y declamatorias, otras persuasivas y aduladoras, arrojan luz sobre el hombre en sí. Sobre su mente y sus creencias, y sobre las experiencias de vida que le dieron forma a su carácter.

Más conocido por su rol como político y por ser un hombre cuya opinión fue formada por su lucha a favor de la libertad primero y por haber sido un preso político después, las afirmaciones políticas de Mujica reflejan y se acercan a una audiencia internacional más numerosa que los 3.5 millones de habitantes de su país nativo. En ocasiones más alejado de la polarización convencional de la política de izquierda y derecha, Mujica habla sobre un estilo de liderazgo más avanzado y universal que pueda servir a la humanidad entera por igual.

Mujica detesta la globalización *comercial* –el uso del capitalismo con el fin de fortalecer a las grandes corporaciones a expensas de la gente común y corriente– y, por el contrario, aboga de manera enérgica a favor de la globalización *social*, a favor de la existencia de un único mundo en el que la desigualdad ya no sea aceptada. Y si en estas páginas encuentran otras contradicciones aparentes, verán que sirven para delinear a un hombre que lucha por aceptar todos los aspectos de una problemática más vasta y compleja, y por comunicar a una audiencia diversa el sentido común necesario para hallar una solución.

Mujica sobre Mujica

Incluye:

... sobre Mujica el hombre
... sobre Mujica el presidente
... sobre la naturaleza humana

Imaginen a José Mujica sentado en un banco. Con apariencia de abuelo generoso, tiene cabello blanco, espeso y electrizado, y lleva puesta ropa simple e informal. La barriga abultada descansa cómoda sobre el pantalón y los hombros anchos se encorvan apenas mientras él se inclina hacia adelante para hablar de forma lenta y calculada; pensativo, reflexivo, irónico...

Mujica hace comentarios profundos que, en papel, parecen ensayados pero que en la conversación surgen como pensamientos espontáneos y recién formulados. Las grabaciones en video muestran un rostro que nunca llega a desplegar una sonrisa amplia, pero en los ojos y la voz suele haber un dejo de provocación y humor irónico que deja a más de uno pensando en lo que él acaba de decir.

Se trata de un hombre modesto pero al tanto del poder que tienen la comunicación y su estampa personal. Ese conocimiento solamente puede surgir de una mirada profunda y honrada.

... sobre Mujica el hombre

"No soy pobre, soy sobrio, vivo liviano de equipaje, con lo justo para que las cosas materiales no me roben la libertad."

"Quizá esté equivocado, porque yo me equivoco mucho; pero lo digo como lo pienso."

"Siento rabia, me caliento, digo disparates, pero no puedo cultivar el odio (...). Hay que respetar, sobre todo cuando más duele."

"Me comí catorce años en cana y dos horas después de que salí, ya estaba militando."

"Soy un paisano terco. No razono en términos económicos. Pero estoy peleado con la civilización en la que estoy viviendo."

"El único mérito que tengo es ser un poco vasco, duro, testarudo y constante. Pero en realidad los años preso los pase por que me agarraron, porque me falto velocidad."

"No tengo vocación de héroe. Tengo un fuego adentro que me hace defender las familias, ir contra la diferencia de clases. Ya que sé que la humanidad vivió más del 90% de su historia en familias y grupos pequeños fraternales."

"Pertenezco a la muchachada que abrazaron el movimiento del cambio."

"Nosotros no tuvimos hijos, andábamos mucho en la calle y luego presos. Cuando llego el momento que estábamos más tranquilos y quisimos, la naturaleza ya no quiso."

"Como no tuvimos hijos, queremos que cuando no estemos, haga en nuestra quinta una escuela rural de oficios. Si nos recuerdan solo por eso ya es más de lo que uno puede pedir."

"Hay gente que cree que esto es marketing político. Pero yo vivo así hace 40 años. Me parece un poco largo el tiempo para el marketing político. La gente es muy desconfiada ya que hay mucho ladrón dando vueltas."

"El Che Guevara para mí era un sacudidor de su época, un revolucionario y generador de ideas. Yo lo conocí, soy lo suficientemente viejo para haberlo conocido."

"Si tuviera muchas cosas tendría que ocuparme de ellas. La verdadera libertad está en consumir poco. Con ese dinero me alcanza y me tiene que alcanzar. Hay quienes viven con mucho menos."

"La vida me golpeó. La vida me dio un esquinazo, todo eso. La vida tiene muchas cosas amargas, pero también ofrece revanchas. El problema es saber vivir con continuidad y tener la capacidad de levantarse, cuando se ha caído."

"Pertenezco a una generación que quiso cambiar el mundo, fui aplastado, derrotado, pulverizado, pero sigo soñando que vale la pena luchar para que la gente pueda vivir un poco mejor y con un mayor sentido de igualdad"

"No miro hacia atrás porque el hoy real nació en las cenizas fértiles del ayer. (...) no vivo para cobrar cuentas o reverberar recuerdos, me angustia el porvenir que no veré y por el que me comprometo"

"Sí, yo estoy cansado, pero esto no para hasta el día que me lleven en un cajón o cuando sea un viejo lelo."

... sobre Mujica presidente de Uruguay

Humildad

"Yo vivo como vivía antes de ser presidente, antes de ser ministro y antes de ser diputado. Vivo como vivía antes, en el mismo lugar, más o menos. Con lo justo, con lo que necesito."

"Yo dono el 90% de mi sueldo al programa de vivienda para pobres, otro porcentaje más pequeño al partido donde pertenezco y el resto lo ahorro por las dudas. Nosotros 2 (haciendo referencia a su esposa) vivimos con su sueldo de senadora."

"Yo ando con mi auto de hace 30 años que no se rompe nunca y no paga ya patentes. Yo tengo casi 80 años, ¿para qué quiero un auto que va a 140/200 kilómetros por hora? Eso es peligroso, un hombre de casi 80 años en un auto así más que manejar hace puntería."

"Yo soy medio exótico en el mundo en el que vivo. He llegado en moto al parlamento y fui el primero en no usar corbata. Ahora casi todos están dejado la corbata."

"¿Qué es lo que le llama la atención al mundo? ¿Que vivo con poca cosa, una casa simple, que ando en un autito viejo? ¿Esas son las novedades? Entonces este mundo está loco porque le sorprende lo normal."

Responsabilidad

"Cargo con las culturas originarias aplastadas y el resto del colonialismo en Malvinas."

"Cargo con las consecuencias de la vigilancia electrónica que no hace más que generar desconfianza que nos envenena."

"Cargo con la necesidad de defender la amazonia, ríos y mares."

"Cargo con el deber de luchar por la tolerancia."

“Vengo del sur, y como tal, cargo inequívocamente con los millones de compatriotas pobres en las ciudades, páramos, selvas, pampas y socavones de la américa latina, patria común."

Status

— ¿Usted cuando recibe gente en su casa vestido en forma muy sencilla, entiende que los demás presidentes no son así?
—Seguro que lo entiendo, pero eso es culpa de ellos, no mía. ¿A quién están representando?"

"Yo a vos no te recibo en la casa presidencial, te recibo en mi casa, con mis perros y donde está mi mujer, donde vivo desde antes de tener un cargo político. A los presidentes actuales se les ha subido la corona a la cabeza y necesitan alfombras rojas y sirvientes, bueno bien por ellos. Si quieren un té, llaman a alguien, yo me levanto y me lo sirvo. Si ellos lo necesitan, está bien, no los critico, pero no es mi forma de vivir, eso no tiene nada que ver con como vive el pueblo. La mayoría no tiene sirvientes, ¿por qué los tendría yo?"

"En mi casa hay solo 2 policías. Algunos presidentes tienen todo un equipo de seguridad alrededor y eso es como un muro que te separa de la gente."

"Cuando fui a Alemania y declararon mi visita como carácter de estado, me pusieron un auto blindado con 25 motos delante y 25 motos detrás. Yo no necesitaba eso, pero son las decisiones del gobierno alemán y yo las obedezco y las respeto. Ya que yo también tengo mis cosas. Tengo una casa presidencial donde hay 40 funcionarios de turno, inútiles ya que el presidente no vive ahí. Hay que pagar 40 sueldos que alcanzarían para pagar 2 colegios."

"Yo no digo de vender la casa presidencial porque me matarían en este país. Creo que las instituciones y las formas sirven para cuidar los derechos adquiridos, las costumbres e identidades de los pueblos. Más importante, sirven para prevenir que los gobernantes se abusen del poder. Pero esas cosas también pueden llevar al exceso en el protocolo donde ya se perdió el rumbo."

Pensamientos sobre los objetivos y los resultados

“Nos vamos a demostrar a lo largo de estos cinco años que algo podemos hacer como sociedad, conduciendo la solidaridad, lo más inteligentemente y disciplinadamente posible.”

"Yo no he podido cumplir con mi programa, solo con algunas cosas. No lo permite el capitalismo y el enorme cruce de intereses entre los grandes grupos capitalistas de mi país que para fortalecerse han creado todo el sistema jurídico que los protege."

"Muchas veces un presidente se siente solo. Con la reforma educativa que quería mejorar me sentí solo, quería darle relevancia a las distintas necesidades de cada área de mi país, pero fracase. Es un sistema centralizado donde quien vive en la ciudad aprende lo mismo en la escuela que el que vive en el campo. Eso no es igualdad. Ya que no todos nacemos en iguales lugares o condiciones. Nadie es más que nadie pero eso no quiere decir que necesitemos todos lo mismo. Aquel que vive en el campo necesita formarse también en oficios que lo ayuden en su zona."

... sobre la naturaleza humana

"En esta humanidad no podemos razonar como especie y vivir en paz; apenas podemos razonar como individuos."

“La tolerancia se precisa para aquellos que son distintos, no para los que estamos de acuerdo. La tolerancia es el fundamento de poder convivir en paz y entendiendo que en el mundo somos diferentes."

"No se dejen robar la juventud de adentro. La de afuera, inevitablemente, se la lleva el tiempo. Pero hay una juventud peleable, territorio adentro, mirándonos hacia nosotros mismos, y está unida a una palabra muy simple y muy pequeña: solidaridad con la condición humana"

*

"Hemos nacido solo para consumir y cuando no podemos, cargamos con la frustración y hasta la autoexclusión."

"La codicia individual ha triunfado ampliamente sobre la codicia de especie."

"Hoy se nos presenta un dilema. Debemos fortalecernos y dominarnos individualmente para que las fuerzas que hemos creado como civilización no nos destruyan."

*

"Prometemos una vida de derroche y despilfarro que en el fondo constituye una cuenta regresiva contra la naturaleza y contra la humanidad como futuro."

"Se está masificando la cultura donde la naturaleza es olvidada, poniendo en peligro el futuro de nuestra civilización."

"La crisis del agua y la agresión al medio ambiente no es una causa, sino que la causa es el sistema que hemos montado y necesitamos revisar nuestra forma de vivir."

"Lo que algunos llaman la crisis ecológica del planeta es consecuencia del triunfo avasallante de la ambición humana; ese es nuestro triunfo pero también nuestra derrota."

"Continuará la guerra hasta que la naturaleza nos llame y haga inevitable nuestra civilización"

*

"No vivimos para cultivar la memoria mirando hacia atrás. Creo que el ser humano tiene que saber cicatrizar sus heridas y caminar en la perspectiva del futuro, pues no podemos vivir esclavizados por las cuentas pendientes de la vida. Es importante no olvidarse de nada pero pienso que es necesario mirar hacia el mañana. No se vive de recuerdos. Es importante mirar el pasado pero también es necesario perderle el respeto."

"Mil veces más redituables que hacer guerras es un neo keynesianismo mundial para abolir las flaquezas del mundo."

*

"Piensen que la vida es un milagro, que estamos vivos por milagro y ¡nada vale más que la vida! Nuestro deber biológico es principal. Debemos cuidar la vida, impulsarla y entender que la especie es nuestro nosotros."

"Vale la pena vivir con intensidad y te podés caer una, dos, tres, veinte veces, pero recuerda que te podés levantar y volver a empezar. (...) derrotados son los que dejan de luchar, muertos son los que no luchan por vivir."

"La felicidad es darle contenido a la vida y rumbo y no dejar que te la roben. Para eso no hay receta más que ser conciencia."

Sobre la política y la economía

Incluye:

... sobre la política y los políticos
... sobre las repúblicas
... sobre la política y la economía
... sobre la política sobre las drogas
... sobre el matrimonio igualitario
... sobre la perspectiva internacional

Mujica sentía una falta de respeto saludable por las esferas corruptas y ventajeras de la política moderna. En lugar de buscar la fama y el roce, empleó su posición para exponer el lado más desagradable de la política y de los políticos, y para ayudar a definir un papel más limpio y claro para los políticos contemporáneos siendo él un colaborador honesto en la creación de un mundo mejor.

... sobre la política y los políticos

"A los que les gusta mucho la plata hay que correrlos de la política. Son un peligro."

"Los políticos tenemos que vivir como vive la mayoría y no como vive la minoría."

"La política es la lucha por la felicidad de todos."

"Gobernar es también convencer, desmontar resistencias."

"La política está sujeta a volar como las perdices, cortito y rápido. Y se está necesitando política de largo aliento en un mundo que se globaliza."

"Yo prefiero un camino más lento, de construcción menos espectacular, mucho más autogestionario. Soy enemigo de la burocracia, desconfío del estado que cuando se hace demasiado grande puede sustituir la iniciativa de la gente."

*

"Acompaño la política de transparencia pero no somos de plástico los hombres. Hay corrupción en la naturaleza del hombre. Por eso confío mas en la política y confío que debemos generar corrientes políticas de largo plazo que seleccionen a sus representantes no atrás de un triunfo material sino atrás de un triunfo moral."

"Una sociedad sana necesita que el grueso de su dirección política esté ética y moralmente comprometida. Después, si es eficiente y clara, cien veces mejor. Pero hay cosas que no se pueden sustituir y en la política no hay que meterse para hacer negocios o vivir mejor, sino para comprometerse con cariño a solucionar las necesidades de la gente."

"No hay que confundir lo conservador con lo reaccionario. Lo reaccionario es la patología de lo conservador. Existe una corriente de cambio que viene de la izquierda y la derecha con las herramientas. La patología de la izquierda es el infantilismo que es la confusión constante de los deseos con la realidad. Se deben encontrar ambos, respetarse y avanzar juntos."

*

"La tarea de los partidos políticos es seleccionar excelentes líderes y darles el soporte para que se conviertan en figuras trascendentes que cambien la historia de la humanidad."

"No se puede pedir a la humanidad entera que razone así. Hay que entender y tener siempre en cuenta las debilidades del hombre al momento de elegir un sucesor político."

*

"La institución presidencial está muy prostituida. Debemos procurar vivir como vive la mayoría como presidentes, no como la minoría."

"La forma de vivir de los gobiernos los coloca a una distancia tan grande de la gente que termina con que la población los termine despreciando."

"Los mejores dirigentes son aquellos que cuando terminan su mandato dejan trabajando en su lugar a un conjunto de gente que los supera ampliamente. La reconquista de la prosperidad es una lucha de generaciones."

*

"La política es tomar decisiones que beneficien. Pero no se puede estar de los dos lados. Uno puede estar del lado de la minoría o del lado de la mayoría. No hay término medio."

"Para mí, el primer requisito de la política es la honradez intelectual. Si no hay honradez, nada de lo demás sirve. A la larga, no hay mejor lenguaje que la verdad."

"Si hay fracaso, hay fracaso; hay que asumirlo. Los políticos debemos comunicar lo que ha ido bien y lo que ha ido mal así se aprende."

"La política no es un pasatiempo, no es una profesión para vivir de ella; es una pasión con el sueño de intentar construir un futuro social mejor. A los que les gusta la plata, bien lejos de la política"

... sobre las repúblicas

"En nuestro occidente, las repúblicas que nacieron para afirmar que los hombres somos iguales, que sus gobiernos deberían representar el bien común, la justicia y la equidad, muchas veces se deforman y caen en el olvido de la gente corriente, la gente que anda por las calles, el tiempo común."

"Las repúblicas se deben a la mayorías y a las luchas por los intereses de la mayoría. No para los sistemas feudales que hoy aún están ni para el clasismo exclusor."

"En los hechos, el hombre pobre y excluido debería ser el foco central de las luchas de las repúblicas. "

"Aún hoy creamos diferencias, escalafones, clases, grupos económicos de intereses excluyentes, feudalismos y estatus opulento. Son estas diferencias las que debilitan el ideal de las repúblicas, el hecho de que nadie es más que nadie y es por esto que permanecemos en la prehistoria."

... sobre la política y la economía

"El problema más grande que sufre la política en la actualidad es que los grandes intereses económicos se meten a influir sobre los procesos políticos. Esto genera que las masas desconfíen de sus gobernantes y con el tiempo la base de la democracia, que es el proceso representativo, pierde credibilidad como institución. El objetivo de esos poderes es que las masas no le den relevancia al proceso político que los gobierna, así gobiernan ellos como les place. Pero las masas deducen que todos los políticos somos igual de influenciables a los grandes intereses económicos y esto es mentira."

"La política ha dejado entrar en sus raíces al mercado y la economía. Ahora, lucha aturdida por recuperar el gobierno."

"Europa tiene una crisis económica que también es política. Ha desatado una cantidad de sucesos que la está gobernando. Son los sucesos que gobiernan a los hombres y no los hombres los que gobiernan los sucesos."

*

"Hoy la innovación económica se está usando sobre todo para encontrar formas de negociar lo que es innegociable."

"Hemos visto hombres y mujeres capaces de entregar la vida por un sueño de un mundo mejor y eso no se compra. Es la función de los partidos políticos encontrar esta gente."

*

"Despilfarramos dos millones de dólares por minuto en presupuesto militar a nivel mundial. Decir que no hay plata es no tener vergüenza."

... sobre la política sobre las drogas

"Nosotros creemos que el narcotráfico, no la droga, el narcotráfico, es el peor flagelo que estamos soportando recientemente en américa latina. Y no defendemos ninguna adicción, pero la vía represiva viene fracasando, ya llevamos muchas décadas y viene fracasando, entonces nosotros decimos hay que tratar de arrebatarle el mercado, sacarle la razón de ser, que es arrebatarle el mercado."

"No es bonito legalizar la marihuana, pero peor es regalar gente al narco. La única adicción saludable es la del amor."

... sobre el matrimonio igualitario

"El matrimonio gay es más viejo que el mundo. Tuvimos a Julio César, Alejandro el Grande. Dicen que es moderno y es más antiguo que todos nosotros. Es una realidad objetiva. Existe. No legalizarlo sería torturar a las personas inútilmente."

... sobre una perspectiva internacional

"Aplaudimos la integración financiera, aplaudimos la integración tecnológica. Pero, ¿la política para gobernarlos? ¿Para solucionar los problemas de carácter mundial? Nos hemos olvidado que estamos globalizados y para la política, seguimos pensando por país y somos una sola especie con problemas globales."

"Los cambios sociales no están a la vuelta de la esquina. No están al alcance de la mano en lo inmediato. Son una larga construcción colectiva, de esfuerzo, de trabajo, de errores, de aciertos, de compromiso, de sacrificio."

"El hombre no gobierna hoy a las fuerzas que ha desatado, sino que las fuerzas que ha desatado gobiernan al hombre"

Sobre Sudamérica y el Ancho Mundo

Incluye:
... sobre el acercamiento al resto del mundo
... sobre la búsqueda de un mejor entendimiento de Uruguay
... sobre el aprendizaje y la evolución
... sobre la Mirada de Occidente

Para Mujica, Uruguay el continente sudamericano pueden aprender algo de y enseñarles algo a las naciones más avanzadas y maduras. La presión por progresar e igualar los niveles económicos y de consumo de Occidente es, según cree, un gran peligro. Pero el hecho de ser "menos evolucionados" puede ser visto como un plus ya que le da cierta flexibilidad al país para aprender de los errores de Occidente y elegir un rumbo distinto cada vez que resulte más beneficioso. Eso, por su parte, le otorga una nueva posibilidad a los países más ricos, que actualmente luchan por florecer inmersos en la pesadilla económica a paso lento de principios del siglo XXI.

... sobre el acercamiento al resto del mundo

"En América está naciendo el entendimiento entre países hermanos. Sus líderes, a pesar de sus diferencias, vienen respetándose y creando un proyecto en común. Esto es algo que debemos cuidar y que necesita el mundo."

"Uruguay tiene que ser un país de acogida, de refugio, asilo y abierto a inmigrantes de todos los países"

"Grítenle a los pobres del mundo que cuando se sientan acorralados, vengan a este país, (...) no perseguimos a nadie y este país está vacío, todavía caben miles y miles."

"Los latinoamericanos tenemos que ser un reservorio de lo mejor de la civilización humana, un continente de paz, sin odio ni venganza, de justicia, solidaridad donde es hermoso nacer"

"Con Europa nos une todo: la historia, la cultura, las tradiciones, los afectos; pero si Europa mantiene sus puertas cerradas a américa latina, la realidad obligará a nuestros países a volcarse a otras alianzas y otras relaciones"

... sobre la búsqueda de un mejor entendimiento

"Hoy, las grandes y desarrolladas potencias — poseedoras de sistemas tecnológicos, sociales, económicos e institucionales de vanguardia — pretenden tener la verdad absoluta y caen en la intolerancia. Pretenden que sociedades más jóvenes que no terminan de entender la importancia de la democracia se ajusten a su madurez. Eso es pedirle a un adolescente inexperto que piense y actúe como un adulto sin haberle dado el tiempo para madurar. Hay que ayudarlo, no castigarlo."

"En consecuencia, las potencias que presionan sobre los países jóvenes, logran que en vez de representatividad, los países generen fanatismo por sus líderes. Esto es una conducta de adolescente que todos hemos pasado y que los países pasan también. Pero como hombres, sabemos que el fanatismo es el peor flagelo. Ya que el fanatismo solo puede generar conductas fanáticas."

"Los organismos como la ONU, se han burocratizado por falta de autoridad y autonomía. Un ejemplo de esto es nuestra nación. Uruguay tiene la mayor cantidad de soldados humanitarios de toda América latina, desparramados por donde nos piden que estemos, pero somos pequeños y débiles. Como resultado, asistimos hasta donde nos dejan, ya que donde se reparten las donaciones y se toman las decisiones no nos deja entrar."

"En los países desarrollados, se han olvidado de las guerras y atrocidades que han atravesado en el pasar de los siglos. Ahora, más maduros, en vez de entender que viven en la gracia de una sociedad más evolucionada, tienen miedo. Miedo de los que por siglos colonizaron y mantuvieron en la miseria por la fuerza de las armas. Sociedades maduras que en vez de dar consejos han tomado una postura xenófoba contra los inmigrantes."

"Somos medio atorrantes, no nos gusta tanto trabajar. (...) nadie se muere por exceso de trabajo, pero no es un país corrupto, somos un país decente."

... sobre el aprendizaje y la educación

"¿Cuántas cosas creemos que necesitamos porque nos lo enseña la cultura de consumo desmedido? Los países jóvenes necesitamos gastar más en educación, fortalecer a sus jóvenes con conocimientos, becar a sus maestros para que estudien también en el exterior, para que se desarrolle e investiguen nuevas tecnologías y así crezca la industria productiva."

"Los países jóvenes nos quedamos mirando la deslumbrante vidriera del mundo desarrollado y queremos adoptar sus hábitos y costumbres cuando aún no hemos madurado para poder hacerlo. Las necesidades que nos enseña la cultura son de un mundo desarrollado y hoy nuestras prioridades son otras. Esto lo enseña la cultura capitalista y es una batalla cultural muy difícil. "

"Los países jóvenes debemos salir de esta cultura de consumismo despiadado que nos somete. Debemos entender que nadie nos va a regalar la prosperidad."

... sobre la Mirada de Occidente

"Está resurgiendo en Europa una derecha extrema contra los inmigrantes, que no es derecha sino que es fascista. Es una verdadera alarma que nace del corazón de una sociedad avanzada como es la europea. Debemos recordar las lecciones del pasado y recordar que la tolerancia y el respeto son el núcleo para la convivencia. De otra forma, el mundo se hace inhabitable."

"Europa tiene la pasión de haber sido y ya no ser. Haber sido el epicentro de la civilización y vivir la tragedia de sentir que lo ha perdido."

"Europa puede salir adelante ya que tiene mucha gente inteligente, culta, en las universidades, en las empresas pero no en la política. En la política siguen con un discurso neo colonialista y además están vacíos. No se dan cuenta del mundo globalizado en el cual hemos entrado en forma vertiginosa."

"¿El modelo de desarrollo y de consumo que aspiramos, es el de las sociedades ricas? ¿Qué pasaría si los hindúes tuviesen la misma cantidad de coches por familia que los alemanes? ¿Cuánto oxígeno nos quedaría para respirar? ¿El mundo tiene los elementos materiales como para hacer posible que ocho mil millones de personas puedan tener el mismo nivel de consumo y despilfarro que tienen las más opulentas sociedades occidentales?"

"La cuestión de la integración no es cuestión de agrandar los mercados, sino de tener una voz potente en el mundo"

Sobre el materialismo y el capitalismo

Incluye:

... sobre el mundo materialista
... sobre el impulso consumista
... sobre el capitalismo y las fuerzas del mercado
... sobre el hecho de estar vivos

Al hablar, algunas veces para los países de Sudamérica y otras para el resto del mundo, Mujica formula interrogantes de peso sobre la influencia del capitalismo y el materialismo en la evolución de las sociedades modernas. Habla sobre la imposibilidad de los países menos desarrollados de "ponerse al día" por el simple hecho de que los recursos del mundo no son suficientes; habla de la miseria que el materialismo trae consigo cuando el precio a pagar es el mundo natural y, triste por perder de vista el verdadero sentido de estar vivos, nos urge a redescubrir nuestro potencial innato para ser felices.

... sobre el mundo materialista

"La vastedad y diversidad que ha generado el capitalismo han engendrado también una cultura que vive en nosotros y entre nosotros. Es más fuerte y trascendente que cualquier fuerza militar. Pero cuidado con las miserias del capitalismo, porque los pobres hoy antes de comprarse una casa, compran un auto en cuotas. En vez de arreglar el techo de sus casas cambian el televisor; así también lo hacen los países enteros, donde en vez de priorizar lo esencial, gastamos nuestra capacidad económica y nuestro esfuerzo en un consumismo atroz que está por encima de nuestros ingresos. Esto es más fuerte que la fuerza militar."

"La acumulación sin sentido atenta contra la sencillez, contra la moral, contra la medida sana de las cosas, contra la sobriedad, la cordura y los ciclos naturales."

"La cultura consumista de los países ricos enseña que debemos vivir consumiendo como ricos para ser felices. Esa cultura no la podemos tener los países jóvenes que aún no nos hemos capitalizado, ya que sería como un adolescente que quiere gastar dinero como sus padres. Esto está en la base de la cultura consumista y no lo podremos cambiar desde la esfera política. Pero sí debemos tenerlo en cuenta y generar contracultura responsable. Debemos generar más y consumir en base a nuestra real capacidad."

"No nos olvidemos que las culturas nacidas de los sistemas económicos y políticos no siempre liberan al hombre sino que a veces también lo pueden someter. Aquel quien prioriza el consumismo por sobre su capacidad de gasto termina sometido a su propia cultura y se vuelve esclavo del sistema económico."

"Vivimos con un antivalor que si dice que seremos felices enriqueciéndonos sea como sea."

"Nuestra civilización propone un desafío mentiroso donde no es posible que todos consumamos con ese sentido de despilfarro que se le ha dado a la vida."

"Así como vamos, no es posible colmar ese sentido de despilfarro que tenemos"

"Arrasamos las selvas con selvas de cemento. Luchamos el sedentarismo con caminadores y al insomnio con pastillas, a la soledad con electrónica. ¿Somos felices alejados de lo eterno humano?"

"Aturdidos, nos alejamos del orden natural de la vida que se defiende por sí misma como causa superior y la suplantamos por el consumismo funcional, funcional a la acumulación."

"En el 2013, rindieron en california, un homenaje a una bomba de agua que hace 100 años que esta prendida. ¡100 años! Hoy todo lo que se produce es porquería desechable diseñada para que el hombre compre y compre."

... sobre el impulso consumista

"Nuestros trabajadores han peleado muchos años para lograr 8 horas de trabajo. Algunos hoy incluso trabajan solo seis horas. Pero salen de sus trabajos, se buscan otros y trabajan más que antes. ¿Para qué? Para pagar sus cuotas de tarjeta de crédito resultantes de infinidad de cosas innecesarias. Cuando se den cuenta, tendrán 80 años y la vida se les habrá escapado. ¿Ese es el destino de la vida humana?"

"Hemos nacido sólo para consumir y consumir y cuando no podemos, cargamos con la frustración, la pobreza y hasta la automarginación y autoexclusión."

"Cuando vos comprás algo, no te equivoques. El instrumento es la plata con la que comprás algo pero en realidad es el tiempo de tu vida que tuviste que gastar para conseguir esa plata. Cuando yo planteo una vida simple, hablo de no usar el tiempo de vida en cosas que no necesitás ni importan."

"Si alguien quiere trabajar mucho para comprarse una casa o un auto más grande, que trabaje y trabaje; que se joda."

"Yo soy enemigo del consumismo. En la sociedad contemporánea no estamos atendiendo consumo prioritario y a su vez gastando mucho esfuerzo que poco tiene que ver con la naturaleza humana."

"Los muchachos y muchachas jóvenes de nuestras ciudades, pasan del banco a la oficina. Oficina con ambiente controlado, con aire acondicionado inerte y estable que hace pensar que el tiempo no pasa. Los jóvenes sueñan con sus vacaciones y con pagar sus cuentas. Hasta que un día, el corazón se paga y adiós."

... sobre el capitalismo y las fuerzas del mercado

"El fenómeno de la corrupción lo considero natural e inherente. La gran clave que ha desatado esta civilización, el motor de multiplicación de la riqueza, la clave que nos ha dado este avance material, científico y tecnológico tan fantástico, ha sido el capitalismo. Que cosa tan contradictoria. El capitalismo es capaz de crear mucha riqueza pero con una enorme pobreza moral en sus entrañas.

"El capitalismo realmente producto esta prisionero en la caja de los grandes bancos, que en el fondo son la cúspide del control mundial."

"No podemos esperar que, si llevamos en la maleta el capitalismo y no lo enfrentamos desde el punto de vista ético y moral, no tengamos corrupción. Es casi la consecuencia lógica y sería una locura no esperarlo en los políticos."

"Desde 1990, cada 6 años se duplica el comercio mundial y esto marca claramente el avance de la globalización. Esto ha dejado a las grandes mentes y a los jóvenes por igual, viejos y desorientados. Ante el tremenda cantidad de cambios que han ocurrido en las últimas décadas no estamos pudiendo reaccionar y eso sabiendo que gran parte de los cambios importantes que suceden rápidamente se nos escapan y no los podemos asimilar."

"Hemos abandonado los dioses inmateriales del bienestar y llenado el templo con el mercado. Nos organiza la economía, la política, los hábitos y hasta nos financia en cuotas y tarjetas la apariencia de felicidad."

"Hay marketing para todo. Para los cementerios, las maternidades, padres, madres, abuelos, secretarias, autos y vacaciones. Todo es negocio."

"Si esperamos que el mercado suture las desigualdades rápidamente nos vamos a encontrar con lo contrario."

"Todavía las campañas de marketing caen deliberadamente sobre los niños y su terca psicología. Para influir sobre los mayores y tener hacia el futuro un mercado asegurado. Sobran pruebas de estas tecnologías bastante abominables que llevan a las masas a la frustración."

"El mercado no está sirviendo al hombre sino el hombre al mercado. Esto atenta contra la libertad, contra el tiempo libre, de crecimiento intelectual de cada hombre, contra las relaciones humanas, la amistad, la solidaridad y las familias. No es el hombre quien debe alimentar al mercado sino el mercado al hombre."

... sobre el hecho de estar vivos

"Hay que bajar a tierra el concepto de libertad, a lo concreto, no la libertad en los astros que no se entiende que es. Bajar a la libertad individual, donde uno es libre de disponer de su tiempo y con eso hacer con la vida lo que uno quiere. A mí me gusta salir con el tractor, porque tengo alma de campesino, pero a otros puede ser el futbol, los autos, el boliche, los amigos. Lo importante es que cuanto más grande es ese tiempo más feliz uno es y más rica es la vida."

"Acompaño el siempre rendir cuentas pero cuidado que las cuentas no nos rindan a nosotros."

"Me comí 14 años en cana (...) y 13 años solo en una celda. Me hice amigo de las ratas y las hormigas. La noche que me ponían un colchón me sentía confortable, aprendí que si no puedes ser feliz con pocas cosas no vas a ser feliz con muchas cosas. La soledad de la prisión me hizo valorar muchas cosas. Mirá qué poco se necesita para ser feliz."

"Si tuviera muchas cosas tendría que ocuparme de ellas. La verdadera libertad está en consumir poco."

"La economía sucia, el narcotráfico, la estafa, el fraude y la corrupción son plagas contemporáneas cobijadas por ese antivalor, ese que sostiene que somos más felices si nos enriquecemos sea como sea."

"Del punto de vida de la filosofía de vida, es mejor vivir liviano de equipaje, con poca complicación del punto de vista material. Si tenés mucha complicación, tenés que gastar mucho tiempo en transitar esa complicación diaria y no te queda tiempo para las cosas que a vos te motivan."

"Pobre no es el que tiene poco, sino el que necesita mucho y desea más y más."

"Yo no vivo con pobreza, vivo con austeridad, con renunciamiento. Preciso poco para vivir."

"No quiero hablar de austeridad porque es una palabra prostituida en Europa; abogo por una manera personal de vivir con sobriedad."

"Para vivir hay que trabajar, ¿verdad? Y si no trabajás estás viviendo de garrón a costilla de alguien. Y la vida de parásito no es digna, pero tampoco podés vivir nada más que para trabajar. Así de sencillo. Porque lo más glorioso que tenés es la vida. Y eso, que es tan elemental, es la cosa que más olvidamos pero nos lo hace olvidar la cultura, el medio ambiente y sobre todo esa violencia de arrastre que tiene la sociedad de consumo y que parece que si no estamos subidos en ese tren nos vamos a morir."

Sobre un mundo unificado

Incluye:

... sobre la desigualdad global
... sobre los recursos mundiales
... sobre la unión internacional

Una temática recurrente en los discursos de Mujica y las entrevistas que le han hecho es su idea de un mundo unificado y la negación ante esta idea que ve en otros dirigentes y sus políticas, una actitud que resulta en gran parte de la desigualdad y los problemas ambientales que actualmente estamos enfrentando.

... sobre la desigualdad global

"Hay gente que debería vivir 230 años y gastar un millón de dólares por día para consumir lo que tiene acumulado. Pero en realidad es mucho más, ya que con una tasa del 2% anual, lo acumulado alcanzaría para gastar no uno sino cuatro millones diarios."

"La economía global tiene como finalidad, el interés real de unos pocos. "

"Debemos movilizar las grandes economías, no para generar descartables con obsolescencia calculada, sino bienes útiles sin frivolidades, para ayudar a levantar los más pobres. "

"Hay que entender que los indigentes del mundo no son solo responsabilidad de África o América Latina, sino de la humanidad. Globalizada, debe empeñarse en su desarrollo, en que puedan vivir con dignidad."

"Nunca tuvo el hombre tanto como hoy. Vivimos cuarenta años más que el promedio de hace cien años. Se ha duplicado la población y se ha duplicado la cantidad de alimentos, pero aun así hay hambre y aun así, tiramos más del 30% de la comida que fabricamos."

"Nunca hemos tenido tanto conocimiento. Aun así, sabiendo que tiramos dos millones de dólares por minuto en presupuesto militar a nivel mundial, hay quienes dicen que no tenemos recursos para erradicar la pobreza. Esa gente no tiene vergüenza."

"Mientras gastamos plata en una Ferrari nueva, hay gente que camina cinco kilómetros con dos baldes para buscar agua. ¿Eso es solidaridad? Dejémonos de joder."

"La economía globalizada no tiene otra conducción que el interés privado de muy pocos."

"Los que vivimos mejor tenemos la responsabilidad de atender a los que viven peor. "

... sobre los recursos mundiales

"Hoy, se habla en Naciones Unidas sobre la huella de carbono, lo que no se habla es que si todos consumiéramos la cantidad de recursos y energía que consume un norteamericano promedio, necesitaríamos tres planetas para poder sobrevivir."

"Se precisa una larga agenda de definiciones en toda la tierra para que converjan las monedas y las finanzas, para luchar para preservar el agua y las comidas, y luchar contra los nuevos desiertos. "

"Si fuéramos capaces de ejercitar acuerdos mundiales, con políticas mundiales de prevención que nos garanticen la paz, entonces habría enormes recursos para destinar a las vergüenzas que suceden en la tierra."

"Con trabajo, ciencia y paz, el hombre puede hacer verde los desiertos. Crear vegetales que vivan de agua salada y llevar la agricultura al mar. La fuerza de la humanidad debe estar focalizada en lo esencial. Es posible crear paz y estabilidad si logramos razonar como especie, no solo como individuos."

"No hemos tenido filosofía precursora de la globalización, no ha habido tiempo para madurar tanto progreso material técnico y científico."

"El desarrollo sustentable de la humanidad debe estar focalizado en la felicidad y el bienestar. De tener lo elemental para vivir cuando luchamos por el medio ambiente."

"Prometemos una vida de derroche y despilfarro que en el fondo constituye una cuenta regresiva contra la naturaleza y contra la humanidad como futuro."

"Yo no me siento orgulloso. Me siento con pesadumbre. En mi país quedan 0,5% de indigentes y 10% de pobres. No debería haber nadie, ni pobre ni indigente porque la naturaleza nos dio demasiados recursos y solamente nuestra incapacidad y desacuerdo lo explican."

... sobre la unión internacional

"¿Es posible hablar de solidaridad y que estamos todos juntos en el planeta cuando estamos inmersos en un mercado basado en la competencia despiadada? ¿Hasta dónde llega nuestra fraternidad?"

"Hoy es tiempo de empezar a batallar para preparar un mundo sin fronteras."

"No podemos manejar nuestra globalización porque no tenemos una mente global."

"Estamos en una época que es la más revolucionaria de la historia de la humanidad pero no tiene una conducción consciente ni instintiva. Mucho menos conducción política organizada."

"Hoy la gran tarea para nuestros pueblos es mirar el todo."

"La crisis es la impotencia de la política, incapaz de entender que la humanidad no se escapa ni se escapará del sentimiento de nación. Puede que esté hasta grabado en nuestra genética. De algún lado somos."

"Nuestro mundo necesita menos organismos mundiales, que sirven más a las cadenas hoteleras, y más humanidad y ciencia."

"Las instituciones mundiales hoy vegetan a la sombra consentida de las disidencias de las grandes naciones, quienes quieren retener su cuota de poder. Bloquean organismos como la ONU y destruyen la democracia, y la fe en el sistema queda quebrada."

"La especie como tal debería tener un gobierno representativo mundial que abogue por el bien común de la humanidad y el planeta para que cree cabezas políticas que atiendan los problemas reales a largo plazo y no los relegue para atender las urgencias cortoplacistas de los intereses económicos."

"Estamos en un momento de cambio donde los viejos paradigmas nacionales no sirven."

"Mientras en cada país pensamos en quién gana las próximas elecciones, en el mundo aparecen problemas de naturaleza global como el cambio climático. Debemos armar una gobernancia global para poder tomar decisiones globales que puedan afrontar los desafíos que tenemos como humanidad. El cambio climático no se soluciona desde ningún país. Tiene que haber reglas claras y las debemos tomar todos juntos y cumplirlas a rajatabla. No se trata de un solo país, se trata del planeta entero que todos compartimos."

"Tenemos que empezar a pensar como especie."

"El mundo que va a venir es de supra naciones que van a luchar por su existencia y las imposiciones de sus reglas. ¿Seremos capaces de pasar por encima de nuestros atavismos?"

"Nos tenemos que juntar por el susto para hacer algo en el mundo que se nos viene"

"¿De qué nos vale una actitud ecologista en un rincón si el universo de la industria se mueve como se mueve?"

"Por más que se globalice la economía, nuestro corazón, nuestra subjetividad, no pueden globalizarse."

"La globalización significa un cambio cultural mundial; nos lo está pidiendo la historia. Al no cambiar culturalmente y gobernarla, esta nos gobierna a nosotros."

Sobre la construcción de un futuro mejor

Si bien Mujica se preocupa por mirar sobre el hombro y aprender del pasado, también tiene la vista fija en el futuro. En particular, cree que es necesario nutrir a los jóvenes y emplear la ciencia y la educación para definir un futuro mejor corrigiendo los errores de hoy y evitando los de mañana.

"Si sos joven, debes saber que la vida se te escapa minuto a minuto. No podés ir al supermercado a comprar vida. Cuidá y enriquecé tu vida. No eres un vegetal que vives por que naciste. Puedes darle sentido a tu vida, o puedes pasar toda tu vida pagando cuotas y comprando cacharros."

"Si tuviste un sueño, luchaste por una esperanza y tratás de transmitirle a los que quedan tu esperanza, esa esperanza reverbera en la gente, en el mundo, y es la que vive como motor de las nuevas generaciones."

"Un segundo consejo a los jóvenes. Derrotados son solo los que bajan los brazos y se dan por vencidos. La vida te dará mil tropezones en todos los órdenes: en el amor, en el trabajo, en lo sueños, pero el hombre esta hecho con fuerza y siempre podrás levantarte y volver a empezar. Lo importante no es tanto llegar siempre a la meta sino aprender a disfrutar el viaje."

*

"El mundo pide a gritos reglas globales que respeten los logros de la ciencia ya que no es la ciencia la que gobierna al mundo."

"Necesitamos mascar mucho las miserias pasadas de la vida humana y junto con la ciencia generar soluciones no para que generen solo dinero, sino para impulsar la humanidad hacia adelante."

"Los grandes consejeros de la humanidad deben ser los científicos."

"La sabiduría política y la ciencia deben gobernar el mundo; esos que no apetecen solo el lucro pero que miran el porvenir y nos dicen cosas que no atendemos."

"¿Hace cuántos años nos dijeron en Kyoto determinadas cosas que no nos quisimos dar por enterados? Que no atendemos ya que nos estamos metiendo en una nube negra de contaminación la cual nosotros mismos creamos y no queremos ver."

“El ingreso y egreso a la educación es una forma de progreso y también debe ser motor para una posible igualdad social."

Apéndice 1: Citas cortas

"Es bueno vivir como se piensa, de lo contrario pensaras como vives."

"La política es la lucha por la felicidad de todos."

"Estoy muy contento con el hoy, me tiene abrumado el pasado mañana."

"El hombre moderno anda siempre apurado porque si la economía no crece, es una tragedia."

"Ser libre es (...) gastar la mayor cantidad de tiempo de nuestra vida en aquello que nos gusta hacer."

"El poder no cambia a las personas, sólo revela quiénes verdaderamente son."

"Lo inevitable no se lloriquea. Lo inevitable hay que enfrentarlo."

"Sí, es posible un mundo con una humanidad mejor. Pero tal vez hoy la primera tarea sea salvar la vida."

"La vida no es recibir, sino dar. Por más jodido que estés, siempre tenés algo para darle a los demás."

"No hay cosa más retobada que aquel que estando bien se viene abajo."

"La única adicción es el amor, las demás son todas plagas."

"Las cárceles son el laboratorio del idioma. El idioma se transforma en el subsuelo de la sociedad."

"El hombre es un animal muy fuerte y debe dedicarse a vivir la vida."

"Por el camino más largo es el viaje más corto."

"Yo quiero saber la verdad pero en la justicia no creo un carajo."

"Nadie es más que nadie. Las repúblicas se deforman y ellas se deben a las mayorías."

"Hay cosas que tienen valor cuando se pierden."

"Yo no estoy de acuerdo con Bertolt Brecht porque no hay hombres imprescindibles sino causas imprescindibles."

"Todos ustedes son suplantables."

"La paz se lleva adentro. El premio [Nobel] ya lo tengo. Está en las calles de mi país, en el abrazo de mis paisanos de los ranchos humildes."

"Lo imposible cuesta un poco más, y derrotados son solo aquellos quienes bajan los brazos y se entregan."

"Vivir mejor no es sólo tener más, sino que es ser más feliz. "

"Los de la FIFA son una manga de hijos de puta"

Apéndice 2: Una biografía breve

ORÍGENES VASCOS E ITALIANOS

José Alberto "Pepe" Mujica Cordano viene de una familia vasca originaria de la municipalidad vizcaína de Múgica. Hijo de Demetrio Mujica y Lucy Cordano, nació el 20 de mayo de 1935 en el barrio Paso de la Arena, del departamento uruguayo de Montevideo. Demetrio era un pequeño estanciero que se encontró en quiebra poco antes de morir, en 1940, cuando Mujica tenía seis años.

En las tierras uruguayas de su abuelo paterno se preparaba a los soldados para resistir los levantamientos contra el caudillo Aparicio Saravia. Su abuelo materno, también seguidor del partido nacional, fue varias veces edil de Colonia y amigo de Luis Alberto de Herrera.

Su familia materna estaba compuesta por inmigrantes italianos ligures; el apellido Cordano, del abuelo Antonio, es originario del valle de Fontanabuona, en la provincia de Génova, en la región de Liguria cerca de Rapallo. De la misma zona venía la familia de la abuela Paula, los Giorello. Su madre nació en Carmelo, lugar donde los padres de esta, cultivadores de viñas, compraron cinco hectáreas en la Colonia Estrella para cultivar los viñedos.

Cursó sus estudios primarios y secundarios en la escuela y liceo público del barrio donde nació. Terminado el ciclo básico, ingresó a preparatorios de derecho en el Instituto Alfredo Vásquez Acevedo, ciclo que no llegó a terminar.

A la edad de 13 años, y hasta los 17, comenzó a practicar ciclismo corriendo en representación de varios clubes y en todas las categorías.

CARRERA POLÍTICA

1950 – 1960: Fundación del Partido Popular

Ángel Cordano, Su tío materno proveniente de Carmelo, era nacionalista y tuvo influencia sobre la formación política de su sobrino. En 1956, Mujica conoció al entonces diputado nacionalista Enrique Erro por vía de su madre, militante de su sector. Desde entonces, comenzó a militar para el Partido Nacional, donde llegó a ser secretario general de la Juventud del mismo.

En las elecciones de 1958 triunfa por primera vez el Herrerismo[1] y Erro fue designado ministro de Trabajo siendo acompañado por Mujica. En 1962, Erro y Mujica abandonan el Partido Nacional para crear la Unión Popular junto al Partido

[1] Una facción política del Partido Nacionalista uruguayo caracterizado por el liberalism económico y fundado por el Dr Luis Alberto de Herrera.

Socialista del Uruguay y un pequeño grupo llamado "Nuevas Bases". En esas elecciones postulan a Emilio Frugoni como candidato a presidente de la República, perdiendo rotundamente las mismas con un 2,3 % del total de los votos.

1970 hasta 1986: Mujica como guerrillero y prisionero político

Durante el gobierno de Jorge Pacheco Areco (1976-1972) la violencia fue en aumento. El Poder Ejecutivo utilizó reiteradamente el Instituto Constitucional de las Medidas Prontas de Seguridad para hacer frente a la guerra de guerrillas, así como a la creciente oposición de sindicatos y gremios frente a sus políticas económicas.

Durante este tiempo, Mujica se unió a Movimiento de Liberación Nacional Tupamaros (MLN-T), una agrupación inspirada por la Revolución Cubana. Con la agrupación participó en un número de operaciones de guerrilla al mismo tiempo que trabajaba en su granja, hasta que, perseguido por la policía, se recluyó. En enfrentamientos armados fue herido de seis balazos. Fue apresado cuatro veces y, en dos oportunidades, se fugó de la cárcel de Punta Carretas. En total, Mujica pasó casi quince años de su vida en prisión. Su último período de detención duró trece años, entre 1972 y 1985. Fue uno de los dirigentes tupamaros que la dictadura cívico-militar tomó como «rehenes», lo que significaba que serían ejecutados en caso de que su organización retomara las acciones armadas. Entre los rehenes también se encontraba Eleuterio Fernández Huidobro, (reciente ministro de Defensa Nacional) y el líder y fundador del MLN-Tupamaros, Raúl Sendic.

1985 – 2005: el camino hacia la política formal

La ley no. 15.737 (aprobada el 8 de marzo de 1985) decretó una amnistía de delitos políticos, comunes y de guerra cometidos a partir del 1.º de enero de 1962. Mujica volvía a ser un hombre libre. En 1989, Tras algunos años de la apertura democrática creó el "Movimiento de Participación Popular" (MPP), dentro del Frente Amplio[2] junto con otros referentes del MLN-T y otros partidos de izquierda. En las elecciones de 1994 fue elegido diputado por Montevideo.

Aunque manifestó sentirse "como un florero" al comenzar su actividad parlamentaria, su presencia en la arena política fue llamando la atención de la gente. Mujica supo capitalizar el descontento. En las elecciones de 1999 fue elegido senador. Simultáneamente, su sector político apuntaba a una estrategia de acumulación. Ese año Miguel Ángel Campodónico publicó el libro "Mujica" en el que recoge la vida y el pensamiento del guerrillero convertido en político.

En las elecciones de 2004 su movimiento obtuvo más de 0.3 millones de votos (la votación más alta del país), que significó un importante porcentaje dentro del Frente Amplio, consolidándose así como la primera fuerza dentro del partido

---

[2] Una coalición de partidos uruguayos de centro-izquierda.

de gobierno.

2005 – 2008: Actuación en el gobierno Frenteamplista

El 1 de marzo de 2005 el presidente de la República, Tabaré Vázquez, designó a Mujica ministro de Ganadería, Agricultura y Pesca. su subsecretario fue Ernesto Agazzi, de profesión ingeniero agrónomo. En palabras del propio Mujica, "el verdadero ministro iba a ser Agazzi". En los hechos, la actuación de Mujica en el elenco gubernamental se asimiló más a la presencia de un operador político y a un generador de opinión con una novedosa capacidad de diálogo con la sociedad. En particular, se destacó por sus expresiones curiosas, sus comentarios sorprendentes y sus «salidas de tono». Esto gustó en muchos sectores de la ciudadanía, por la franqueza de los planteamientos, Aunque también hubo quienes se quejaron de la supuesta falta de profesionalismo convencional del titular ministerial.

Mujica Abandonó el cargo el 3 de marzo de 2008, dejándole el puesto a su entonces viceministro Ernesto Agazzi y regresando a su banca en el Senado. en todos los medios, tanto políticos como de prensa, se mencionó con insistencia su eventual postulación presidencial, más allá del favoritismo del presidente Vázquez por Danilo Astori.

Pronto Mujica comenzó a generar hechos políticos que hablaban a las claras de su voluntad de candidatearse a la presidencia, como la visita al matrimonio Kirchner en argentina. Esta visita fue muy comentada, dado que en esos momentos, Uruguay y Argentina pasaban por una situación diplomática comprometida, con incesante intercambios de agresiones entre los gobiernos de las dos orillas; Mujica reivindicó una actitud de acercamiento entre pueblos hermanos.

2008 – 2009: Precandidatura presidencial

El Congreso Extraordinario «Zelmar Michelini» del Frente Amplio, fue llevado a cabo los días 13 y 14 de diciembre de 2008. Además de resolver el programa de gobierno de cara a un nuevo período, el congreso proclamó a Mujica como el candidato oficial del Frente Amplio para las elecciones internas del año 2009. Sin embargo, Eso también habilitó a los otros cuatro candidatos propuestos (Danilo Astori, Daniel Martínez, Marcos Carámbula y Enrique Rubio) para participar en esta misma instancia en igualdad de condiciones. Posteriormente, tanto Martínez como Rubio desistieron de su precandidatura, por lo que la disputa en las internas quedó planteada entre Mujica, Astori y Carámbula.

Antes de las elecciones, Mujica recibió el apoyo del kirchnerismo; incluso tenía un mitin programado en la ciudad argentina de Mar del Plata, que debió suspender tras la fuerte crítica de su propio partido. El 24 de mayo de 2009 presentó la renuncia a su sector político, el MPP, a través de una carta en la que planteaba que, a partir de ese momento, "dejaba de estar obligado a la disciplina del grupo y a sus órganos de dirección". La dirección del MPP aceptó la renuncia considerando que Mujica debía "encarar su responsabilidad como candidato de todos los frenteamplistas".

El 28 de junio de ese mismo año, tras las elecciones internas, Mujica resultó elegido como candidato único a la presidencia por el Frente Amplio, tras vencer a sus competidores con un 52,02 % de los votos totales.

2009: La candidatura presidencial y las elecciones

Luego de las elecciones internas, el Frente Amplio completó la estrategia presidencial con la nominación de Danilo Astori como candidato a vicepresidente para las elecciones de octubre de 2009. Durante el transcurso de la campaña electoral Mujica apuntó a un cambio de imagen, abandonando su atuendo informal y vistiendo en varias oportunidades con traje a medida, aunque nunca usó corbata.

Entre sus principales asesores de campaña se destacaron Milton Romani (seguridad pública), Juan José Domínguez (relaciones exteriores), Alma Chiodi (salud) y Carlos Barceló (educación). En el mes de septiembre de 2009 se publicó el libro "Pepe coloquios" del periodista Alfredo García. En el mismo se recogen varias entrevistas grabadas a Mujica, con su pensamiento, sus ideas, sus frases. Este libro levantó polémica pero Al respecto Mujica declaró: "Me equivoco como cualquier hijo de vecino".

El 25 de octubre de 2009, Mujica ganó con una votación cercana a la mitad del total de votos válidos, lo cual le valió disputar el balotaje contra Luis Alberto Lacalle el 29 de noviembre. Ese día fue electo presidente con un porcentaje superior al 52 % de los votos emitidos y a la noche dirigió un mensaje a la ciudadanía en la que llamó, entre otras cosas, a vencer los prejuicios

2010: Asunción de la presidencia

José Mujica prestó juramento el 1ro de marzo de 2010 en el Palacio Legislativo. Esta promesa fue tomada por su propia esposa Lucía Topolansky, por ser la primera Senadora de la Nación. la ceremonia Se desarrolló con la presencia de las autoridades de los diferentes partidos políticos uruguayos y de varios representantes de diferentes países, como Hillary Clinton, Cristina Fernández, Néstor Kirchner, Rafael Correa y Hugo Chávez, entre otros. Mujica Pronunció un discurso muy elogiado y comentado; en el mismo sobrevolaban su pasado guerrillero, sus ideas y su largo camino hacia la presidencia.

Al concluir la ceremonia y el discurso, Mujica y el vicepresidente entrante Danilo Astori se dirigieron hacia una caravana que desembocaría en el lugar de la toma de mando. Asumió de forma oficial su cargo de presidente del Uruguay unas dos horas y media después del juramento, en una ceremonia realizada al aire libre a pedido explícito de Mujica, en la Plaza Independencia (la más importante del país). Todo se realizó frente a muchísimo público, que incluyó a las autoridades nombradas y al presidente saliente Tabaré Vázquez, quien le colocó la banda presidencial.

Mujica y su esposa habían vivido con gran austeridad desde

hacía décadas en una chacra en la zona de Rincón del Cerro, donde se dedicaron al cultivo de flores como actividad económica. Al asumir como presidente de la República, en vez de trasladarse a la residencia presidencial de Suárez y Reyes, el matrimonio decidió permanecer en su residencia, lo cual implicó agregarle mejoras en materia de seguridad y comunicaciones.

Condecoraciones

- ORDEN NACIONAL AL MÉRITO «MARISCAL FRANCISCO SOLANO LÓPEZ»
- ORDEN EL SOL DEL PERÚ
- DOCTOR HONORIS CAUSA POR LA UNIVERSIDAD DE LANÚS
- DOCTOR HONORIS CAUSA POR LA UNIVERSIDAD NACIONAL DE LA PLATA
- PREMIO LIBERTAD CORTES DE CÁDIZ.
- ORDEN MEXICANA DEL ÁGUILA AZTECA
- ORDEN NACIONAL AL MÉRITO (EN GRADO DE GRAN COLLAR)
- ORDEN NACIONAL DEL GRAN COLLAR DE ECUADOR
- GALARDÓN CORAZÓN DE LEÓN (2014) DE LA FEDERACIÓN DE ESTUDIANTES UNIVERSITARIOS (FEU) DE LA UNIVERSIDAD DE GUADALAJARA (MÉXICO)

Made in United States
Orlando, FL
18 June 2025